상처난 꽃에도 아름다움은 있다

박주성 산문집

상처난 꽃에도 아름다움은 있다

박주성 산문집

"상처난 당신에게 전합니다.
지금은 비록 아픔만 가득하겠지만,
아팠던 만큼 더 어여쁘게 피어날 당신이라고"

작가의 말

저는 상처난 꽃이었습니다.

모진 말들에 상처가 새겨졌고
찬란할 것 같던 삶은 잿빛으로 물들었습니다.

이렇게 살아가는 것에 지쳐
매일 이슬같은 눈물로 속삭이던 사람이었습니다.

그러다 만난 상처난 꽃 하나가
저와 같아 보여 눈물이 흘렀는데.

그 꽃은 주변에 있는 어떤 꽃들보다
더 환히 피어나 있었습니다.

'상처난 꽃도 이리 아름답게 필 수 있구나.'

그날 파도처럼 요동치던 마음을
아직도 잊지 못합니다.

상처는 또 다른 상처를 낳기도 하지만
상처가 있어 우린 일어서는 법을 배우기도 합니다.

우리가 어떤 시선으로 바라보는지에 따라
수많은 것들이 달리 보일 수 있듯
상처 또한 그런 것입니다.

아직 예전의 저와 같이
상처에서 헤어나오지 못한
사람들에게 다름을 전하고 싶어
이 책에 마음을 담아 글을 썼습니다.

그런 당신에게 전합니다.

상처난 꽃도 아름답게 피어날 수 있듯이
당신도 언젠간 아름답게 피어날 것이라고.

그러니 같이 나아가보자고.

차례

1장. 시들어가는 너에게

저물어가는 꽃 · 16   파도와 같은 마음 · 18   가면 · 19

거울 · 20   이불 · 21   새벽녘 · 22   하얀 눈 · 24   상처 · 25

불안과 불만 · 26   스쳐 간 말 · 27   호의 · 28   서툰 어른 · 29

구겨지다 · 30   아프지 않아 · 31   살아간다는 건 · 32

정해진 답이 없는 문제 · 33   처음 · 34   사계절 · 35

반복 · 37   안도 · 39   아픔도 사랑할 수 있게 · 40

마음의 날씨 · 41   하늘 · 42   파도 · 43   바다 · 44   공허 · 45

숨결 · 46   상처난 마음 · 47   부족함 · 48   삶과 이면 · 49

서린 김 · 51   한사람 · 53   종이비행기 · 54   주저앉다 · 55

여름 · 56   모습 · 58   자신 · 59   진실 · 60   변화 · 62

흉터 · 63   건네는 말 · 64   피어나기 · 66   꽃잎 · 68

꽃의 하루 · 69   우리라는 존재 · 70   살아감이 두려운 네게 · 72

시도 · 74   손 · 76   봄 · 78   선물 · 79   미움 · 80   자리 · 81

관계 · 83   가지치기 · 84   곁과 결 · 85   끊어진 관계 · 86

무르익다 · 87   도구 · 89   관계의 두려움 · 90   아픔 · 92

2장. 사랑이 새싹이 될 수 있게

사랑 · 96   향 · 97   미소 짓게 되는 사람 · 98   눈동자 · 99

핑계 · 100   예술 · 101   서로 달랐던 우리 · 102   장면 · 104

물들다 · 105   꽃말 · 106   점 · 108   빛 · 109   따스한 햇살 · 110

색의 농도 · 111   별과 밤 · 112   해와 달 · 113   바람 · 114

일기장 · 115   전하다 · 116   너란 존재 · 117   그림자 · 118

마음을 전한다는 것은 · 119   배려 · 120   사랑이란 · 121

사랑의 무게 · 123   상처뿐인 사랑 · 125   달콤한 사탕 · 126

떠나간다는 건 · 127   걱정 · 128   이별 · 129

오지 않을 계절, 겨울 · 130   슬펐던 추억 · 131   새싹 · 132

술잔 · 133   헤어짐 · 134   그날의 기억 · 135

다시 피어날 사랑 · 136   눈물로 기억되는 사람 · 138

별이 빛나던 밤 · 140   마지막 편지 · 142

3장. 다시 피어날 너라서

시선 · 146   도망치자 · 149   피다 만 꽃 · 150   메모 · 152

지친 하루 · 153   안개 너머 · 156   시기 · 158

소중한 인연 · 159   당신 · 160   숨기다 · 161   머물다 · 162

피어나다 · 163   민들레 · 164   함께 · 165   용기 · 167

우울증 · 168   부정 · 171   자책 · 173   내일 · 174

진흙투성이 · 175   밝혀진 진실 · 176   상처뿐인 세상 · 178

자연이 주는 축복 · 181   지치고 힘들 때 · 182   아침 · 183

소멸 · 185   빛이 변색되지 않게 · 186   드넓은 초원 · 188

안녕 · 190   억지 미소 · 191   속이다 · 194   행복하자 · 196

나의 향 · 197   방황 · 198   모난 돌 · 201   가시 · 202

가로등 · 203   삶이라는 꽃 · 204   나뭇잎 · 205   시들다 · 207

가시밭길 · 208   무지개 · 209   나뭇가지 · 210

빛나지 않는 별 · 212   얽매이다 · 213   상처난 꽃 · 214

겉과 속 · 216   파란 장미 · 217   고유함 · 219

1장. 시들어가는 너에게

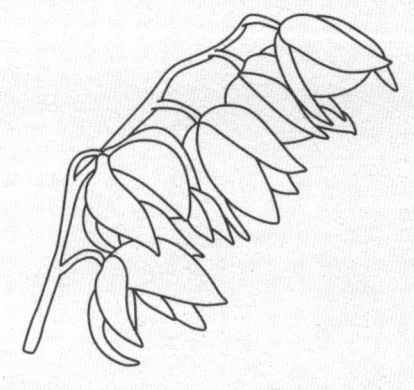

"상처뿐인 네가 살아갈 수 있게"

저물어가는 꽃

시간이 지나 꽃이 저무는 건
어쩌면 당연한 일이면서도
마음 울적한 일이다.

영원히 곁에서 환하게
미소 짓고 있을 줄 알았는데
계절에 속절없이 저물어간다.

다시 피어날 걸 알면서도
눈가엔 눈물이 가득했다.

저물어가는 꽃처럼 아픔도 마찬가지다.

지금은 아픔이 가득하지만
언젠간 다시 행복해질 걸 안다.

그런데도 눈가에 눈물이 가득한 건
아픔에 전한 답가와 같은 것이다.

파도와 같은 마음

파도와 같은 마음이었다.
불어온 바람에 마음은 요동치고
맞닿는 물살에 상처 났다.

쓸려 내려온 마음은
그저 모래알 속에 파묻히기에 바빴다.

애써 마음을 되찾으려
파도는 쉼 없이 몰아쳤지만
모래사장 속 새어 나온 바닷물처럼
눈물만 흘러나올 뿐이었다.

가끔 이렇게 무너지기도 하지만
파도는 언젠간 다시 잔잔한 바다가 된다.

그러니 분명 네 마음도 다시
잔잔해질 때가 올 거야.

가면

건넸던 감정이 또다시
상처로 돌아올까 싶어
우린 마음에 가면을 쓴다.

그렇게 가면이라는 벽이 생겨
감정을 표출하지 못하고.

가면 뒤에 감정을 숨기는
버릇이 생기고 만다.

버릇은 기다렸다는 듯 습관이 되고
가면 속에 감정을 잠그고 만다.

그렇게 쌓여만 가는 감정들은
어디에 풀어놓지 못할 그림자가 되어
마음속 깊이 새겨지고 만다.

거울

거울에 비친 모습만 바라보며
살아가려 애쓰고 있다.

그 모습이 전부가 아니란 걸
마음속 깊이 알면서도.

애써 그 마음을 뒤로한 채
걸어 나가려고만 한다.

그렇게 이면은 울며
어둠에 잠식되고 있는데
현실에선 미소만 짓고 있다.

이불

감당하지 못할 아픔에 있어
감정을 뱉지 못할 때가 있다.

쌓인 감정을 들여다보지 못하고
결국, 터지고 마는데.

이불이 주는 포근함에
안겨서 울고 또 울곤 한다.

흘린 눈물마저도 품어주는 이불 속에서
조금은 마음이 풀어지길 바란다.

눈을 감았다 뜨면
창밖에서 새어 들어오는 햇살처럼
다시 밝아지길 바라기에.

새벽녘

우울로만 가득했던 새벽이었다.

한없이 웅크린 어깨와 몸은
드넓은 공간 속에 존재하길 부정했다.

구석을 찾아가기 바빴고
마음을 숨기기 바빴다.

눈가엔 눈물이 가득했지만
흘린 눈물마저도 부정당할까.

밝아질 아침을 뒤로한 채
이 밤이 계속되었으면 했다.

꼭 감은 두 눈을 떴을 땐
또 다른 고통이 다가올까
눈마저 뜨고 싶지 않았다.

그렇게 이 밤을 지새웠는데
아플 것만 같던 다음날의 아침은
생각보다 평온했다.

어제는 그렇게 몰아치던 태풍도
어느 순간 잠잠해진 듯
주변은 고요했다.

웅크렸던 몸을 천천히 피면서
조심히 나간 문밖은
태풍 속에서도 견딘
초록 잎사귀가 이슬을 머금고
반겨주고 있었다.

우울로만 지새웠던 밤이었지만
언제 그랬냐는 듯 말이다.

하얀 눈

창밖에 내리는 새하얀 눈처럼
네가 순수한 아이같이
아무것도 모르길 바란다.

붉은 장미인 네가
세상 이면이라는 장면을
알게 되면서 다가온 고통은
네 붉은 잎을 땅에 떨어뜨리기에 충분했다.

그렇게 새하얗던 땅은
붉게 물들어만 갔다.

네 눈가에 흐르는
붉은 눈물처럼 말이다.

상처

상처가 깊은 어두운 밤이다.
아무도 알아주지 않는 것 같아
더 서러운 밤이다.

속에서부터 엄습하는
불안과 고통은
무기력하게 만들었다.

아무것도 하고 싶지 않고
모든 걸 다 내려놓고 싶은데도
세상은 그 마음조차 알아주지 않았다.

불어온 바람은 상처를 내고
쏟아지는 비는 마음을 더 울적하게 했다.

그렇게 목 놓아 부르짖던 호소는
천둥에 묻힐 뿐이었다.

불안과 불만

행복엔 미소가 동반하듯이
불안엔 불만이 동반한다.

마음에 여유가 없어서
불안을 가질 때면
바라보는 시선도 불안에 휩싸여
자연스레 불만을 동반하곤 한다.

그러니 불만이 계속해서 나타난다면
조금 멀리서 다시 마음을 바라보길 바란다.

어린아이처럼 한쪽 구석에
웅크려 불안에 떨고 있는 마음을
발견할 수 있을 테니 말이다.

스쳐 간 말

툭 하고 들은 말이었다.
내 곁을 스쳐 지나간 말이었다.

지나간 자리엔 상처가 남았고
흐르는 피는 없었지만
고통에 아파진 마음이었다.

이렇게 자그마한 상처에도
너무 고통스러운데
세상이 무너진 듯한 말은
얼마나 아픈 걸까.

눈물로 호소 되지 않고
다시는 열지 않을
마음의 문이 되는 거겠지.

호의

가끔 상대방이 내민 호의가
불쾌함으로 다가올 때가 있다.

분명 호의를 내민 것인데도
왠지 모를 이 마음에
거부감만 가득해지는 순간이다.

그럴 때면 마음을 다시 한번
되돌아보기 바란다.

마음의 여유가 없어
건네받은 호의도
불쾌함으로 느껴진 것일 테니 말이다.

서툰 어른

어른이 되어서
서툴면 좀 어떤가요.

세상 이 모든 것 중
안 서툰 것이 어딨을까요.

서툴기에 우린 순수했고
마음은 새하얗습니다.

어른이 된 지금도
여전히 우린 서툽니다.

그러니 어른이라는 이유로
모든 것을 짊어지고 갈 필요는 없어요.

우린 서툰 어른이니깐요.

구겨지다

아무리 구겨지고 찢겨나가도
앞으로 나아가 보자.

돌이켜 생각해 보면
아픔의 구간들이 있었기에
지금의 소중한 순간을
느낄 수 있는 법이니깐 말이야.

아프지 않아

내면을 드러낸다는 건
좋은 일이면서도
약점이 될 것 같아
숨기는 일도 많은 현실이다.

그래서 아프고 힘든데도
다들 아프지 않다고 얘기한다.

얼굴에 드리워진 어둠이 보이는데
애써 미소 지으며 웃고 있다.

그런 당신에게 전하고픈 말이 있다.

"이제 그만 내려놓아요."

곁에서 아픔을 함께할 테니
혼자 숨어 울지 말아요.

살아간다는 건

살아간다는 게 별것 있을까요.

그저 좋아하는 걸 살아가면서
더 많이 담아야 하는 것이고

아프게 하는 것들은 멀리해야 하는 게
우리가 살아가야 할 삶이지 않을까요.

말은 쉽고 실제로 와닿긴 어렵다곤 하지만
어떤 마음을 가지고 살아가는지에 따라
우리의 행동이 바뀌듯
가진 마음가짐이 나아가는 삶이라는 길을
또다시 바꿔주지 않을까요.

정해진 답이 없는 문제

문제를 풀어나가듯이
우린 삶이라는 문제를 풀어나가고 있다.

고민을 거듭하고 답을 써 내려가며
틀리기도 하고 맞혀도 가면서
그렇게 나만의 답을 쓰고 있다.

하지만 정해진 답이 없는 문제라서
잘못된 길로 들어서도
또 다른 답이 나타나는 것처럼
잘못된 길은 없는 것이다.

정답 없는 삶인 만큼
나아간 길을 부정하진 않았으면 한다.

처음

울기도 많이 하고
고통에 몸부림도 많이 쳤다.

울기보다 더 웃으려고 노력했는데
웃었던 날보다 울던 날이 더 많았다.

정답이라 여겼던 길은 계속 부정당했고
정답에 의문을 품게 된 나날들이었다.

근데 처음이라 어려운 게 삶이라더라.
어른이라 여겼던 사람들도,
존경하던 사람들도 똑같이 얘기했다.

지금은 고통스럽고 혼란스러운 날들이겠지만
나중에 되돌아봤을 땐 한없이 빛날 날들이라고.

그러니 주저앉지 말고 계속 나아가라고.

사계절

계절처럼 맞이하는 순간이
다시 돌아왔으면 하는 때가 있다.

후회로 흘려보낸 시기가
다시 돌아왔으면 해서다.

그때의 순간을 바꾸고 싶은 욕심에
그런 생각은 끊이지 않곤 했다.

이런 생각이 반복되면 될수록
후회로만 또다시 지새우는 반복은
또 다른 의미에서의 사계절이었다.

이젠 그 의미를 안다.

후회란 없다.
아니, 생각의 차이일 뿐이다.

그렇게 고민하고 선택했던 순간이 있어
지금 이렇게 피어난 거니깐 말이다.

반복

여느 날과 다름없는 날인 것 같나요?

반복되는 일상과 현실에
지쳐 주저앉고 싶을까요.

그럴 때면 조금 더 소소한 행복을
시선에 담아보면 어떨까요.

똑같은 장면일지라도
다르게 보일 수 있는 법이니까요.

여전히 변하지 않는
일상에 사는 것 같지만

사실은 계속해서 바뀌고,
감정도 수없이 바뀌고 있어요.

마음먹기에 따라
다르다는 말이 있듯이

시선에 어떤 마음을 담는지에 따라
반복되는 일상도 다르게 보일 수 있답니다.

안도

오늘 하루도 무사히
지나갔다며 안도의 한숨을
쉬고 있진 않나요.

그런 당신에게 전하고픈 말이 있어요.

당신은 사실 오늘뿐만이 아니라
흘러가는 시간 속에
당신만의 모습을 피어나가며
잘 나아가고 있어요.

그러니 너무 걱정하지 말았으면 해요.

언젠간 분명 결실을 볼 테니깐요.

아픔도 사랑할 수 있게

마음은 아이처럼 여리고 여리다.
그래서 한없이 보듬어줘야 한다.

이 사실을 잊고 살아가는 요즘인데
마음을 뒤로한 채 살아가는 것이 아닌
항상 바라보고 껴안을 줄 알아야 한다.

가끔은 고통에 몸부림치기도 하겠지만
잠시 길 한편에서 방황하며 울고 있을 뿐이지
영원한 것이 아니다.

그러니 다시 미소 지을 수 있게
언제나 곁에 함께하자.

마음의 날씨

매일 맑은 하늘이면 좋겠지만
우리의 마음처럼 날씨는 그렇지 않다.

밝은 날이 있었기에
먹구름 낀 날이 생기는 것이고

먹구름 낀 날이 있었기에
밝은 날이 더 소중해지는 것이다.

비록 오늘, 네 마음의 날씨가
먹구름 낀 날이겠지만.

시간이 지나 먹구름은 걷히고
다시 밝아진 날은 올 것이니.

너무 우울해하며 보내지 말자.
어두웠던 만큼 더 빛날 날이 다가올 것이니.

하늘

똑같은 하늘도
그날의 기분에 따라 다르게 보인다.

상처만 가득했던 날은
눈물을 머금고 바라보게 되고.

행복했던 날은
미소를 띠며 바라보게 된다.

이처럼 감정은 형형색색의 색연필과 같다.

어떤 감정을 가졌는지에 따라
하늘이라는 도화지에
네 색깔이 입혀지고 있으니 말이다.

파도

상처를 마음에 쌓아두지 말자.
더 좋은 일이 다가올 거라
생각하며 나아가자.

비록 파도에 쓸려 온
모래알들에 파묻혀 버렸지만

불어오는 바람에 모래알이 날아가
다시 세상 밖으로 나오게 될 거다.

아픔 가득한 삶이지만
다시 어여쁘게 피어날 순간이
찾아올 것을 기억하자.

바다

참 힘든 일이 많았다.

그래서 힘든 일을 내려놓으려
바다를 찾아가 바라볼 때면
마음은 요동치곤 했다.

바다도 그 마음을 아는지
짙은 물결은 곁으로 다가와
아팠던 마음을 품고 멀어져만 갔다.

멀어지며 노을빛 품은 물결을 일렁이며
따스함을 전해주면서 말이다.

공허

마음이 공허해진다는 것은
아프게만 느껴질 수 있겠지만
사실 꼭 그렇지만은 않다.

순수한 네가 공허함을 느꼈다는 건
그만큼 네 소중한 마음을
나눠줬다는 뜻이니깐 말이다.

다가간 마음은 누군가와 함께 웃고
울며 소중함을 나눴을 것이고

그렇게 피어난 감정과 관계는
우리라는 단어로 형용하지 못 할 만큼
아름답게 물들었다.

숨결

내뱉는 숨결마다 각각의 의미가 있다.

눈물을 머금고 내뱉은 숨과
미소를 머금고 내뱉은 숨은
서로의 의미가 전혀 다르다.

눈물에서 피어난 숨결은
마음이 호소하고 있는 것이고
미소에서 피어난 숨결은
마음이 공감하고 있는 것이다.

어떤 숨을 내뱉던 자유지만
네 세상엔 미소를 머금은 숨결이
더 많은 날이었으면 한다.

상처난 마음

상처난 마음은
깨진 장독대와 같다.

아무리 채우려고 노력해도
채워지지 않는 마음이다.

상처난 마음에 채우려 노력하기보단
상처가 아물 수 있도록
감싸 안아주길 바란다.

마음은 순수하고 여리기에
따스함 하나로도
감싸 안아질 수 있으니깐.

부족함

"세상에 완벽한 사람은 없다."

이런 말이 있듯이
네가 너무 부족한 것 같아
자책하진 말았으면 한다.

고통과 실망의 연속이었겠지만
돌이켜 생각해 보면
부족함이 있어 목표가 생기고
나아갈 방향이 생기는 법이다.

우린 그렇게 그려진 이정표를 보며
하나씩 성장해가는 모습에 미소 짓는 거니깐.

삶과 이면

삶에 이면이 있다고 한다.

그런 이면 속에
피어난 꽃 하나.

그 꽃을 바라본
꼬마는 꽃이 어떻게 보였을까.

음지로 보였을까,
양지로 보였을까.

우린 걸어온 길이
어둡다고 말하지만
그 길이 반복되지 않게.

새 세상을 걸어 나갈 이들에게
양지가 더 가득하게
만들어 나가야 하는 거겠지.

서린 김

안경에 김이 서릴 때면
앞이 보이지 않아
불편함만 호소했다.

그러던 어느 날
새벽녘 길을 걷다가
똑같이 서린 김에
불편함을 호소하고 있었는데.

서린 김 속 바라본
가로등 주변은
아름다운 무지개를 띄고 있었다.

불편하게만 느꼈던 김이었는데
그랬던 마음은 행복으로 바뀌었다.

불편함에서도 행복은
피어날 수 있음을 알았고

그렇게 바라보는 시선에
행복을 담았다.

한사람

그 한사람이 되고 싶어요.

지치고 아프고 힘들 때
편히 기댈 수 있는 그런 사람이요.

아무런 생각 없이 안길 수 있고
따스함을 머금은 이불처럼 말이에요.

세상엔 수많은 아픔이
도사리고 있어
하루하루 상처가 나지만

아픔이 전부인 건 아니라는 걸
전해주고 싶어요.

그렇게 전하고 전하다 보면
언젠간 더 밝은 세상이 다가올 테니깐요.

…

종이비행기

선선히 불어오는 바람을 타고
마음을 종이비행기에 실어 보내요.

종이비행기가 지나간 자리엔
꽃향기가 퍼지길 바라며
이 세상 곳곳을 다니길 바라요.

어두컴컴한 세상이라 말하지만
그 안에도 따스함은
메마르지 않았음을 선사해요.

돌고 돌다 보면
언젠간 당신의 손에 얹혀
당신의 마음을 품은 채
또다시 날아갈 수 있겠죠.

주저앉다

마음껏 울어도 돼요.

응어리진 마음을 풀기 위해
목 놓아 울어보아요.

그동안 정말 고생했고
아픔에도 잘 견뎌왔어요.

상처는 또 다른 상처를 낳았고
흔들리는 마음을 붙들려고
애쓴 당신인 걸 아니깐요.

여름

따스한 햇살이 가득해질 때면
여름이 다가왔다는 것을 느낀다.

사계절 중 여름은
햇살을 가장 따스하게 비추는 달이면서도
쏟아지는 비가 가장 많은 달이기도 하다.

감정의 양면을 비추는 것 같은
여름은 한없이 감싸 안아주다가도
우울을 한없이 쏟아내기도 한다.

여름이 주는 계절처럼
언제나 행복할 수 없단 걸 안다.

근데 그렇다 해서
언제나 우울하지 않을 것도 안다.

그러니 한없이 우울해할 필요는 없다.

다시 따스하게 비추는
햇살이 뜰 테니까 말이다.

모습

눈앞에 있는 모습이 그 사람
전부라고 생각하지 말길 바란다.

그럴 사정이 있는 경우도 있고
그럴 수밖에 없던 일이 있었을 수도 있다.

흔히 우린 가면을 쓰고 있다고 한다.

쉽게 내비친 마음이 잘못된 듯
상처로만 다가와서 그렇다.

모든 걸 알고 있다고 생각했던 관계도
깊어지면 깊어질수록 다르게 보이는 경우가 있다.

그러니 단편을 바라보고 판단하지 말고
내면을 바라보려 노력하자.

자신

너를 보는 사람들은
각자 다른 시선으로 바라본다.

같은 행동과 모습에도
누군가는 당신을 착하게 보고
또 다른 누군가는 당신을
나쁘게 볼 수도 있다.

그러니 누군가를 위해
너 자신을 희생해가면서
모습을 보일 필요는 없다.

한편으론 그건 너 자신을
지우는 길이니깐 말이다.

그러니 누군가를 생각하기 전에
반드시 자신부터 바라보자.

진실

진실을 알고 싶지 않을 때가 있다.

알게 된 진실이 모르고 있는 지금보다
더욱 고통스럽게 다가올 것 같아
피하게 될 때가 있다.

"모르는 게 약이다"라는 말이 있듯
가끔은 아무것도 알고 싶지 않다.

분명 그렇다고 해서 해결되는 건 없겠지만
받아들일 마음이 준비가 안 된 것 같다.

수많은 진실은 좋은 일을 하기도 하지만
오히려 괴롭히기도 하는 게 사실이니깐.

진실을 알아가기에
마음이 버겁다면 도망쳐도 좋다.

마음이 안정돼 있을 때 들춰도
늦은 것은 아니니깐 말이다.

변화

변화는 생각보다 어렵지 않아요.

우린 항상 큰 변화만을
꿈꿔오기에 멀게만 느껴지는데
사실 단순한 변화가
큰 변화를 이루고 있어요.

변화를 꿈꾸는 당신이라면
떠오르는 변화에
사소한 것을 먼저 해보면 어떨까요.

눈이 구르고 굴러
눈덩이처럼 커지듯이

우리의 사소한 변화도
언젠간 큰 변화로 다가올 테니까요.

흉터

항상 웃고 있는 사람이 있다.

그 미소는 주변을 환하게
해줄 뿐만 아니라
마음의 편안함까지 전해준다.

근데 그런 사람도
마음에 흉터가 있다.

그러니 우스워 보이고
당연해 보인다는 이유로
함부로 대하진 않았으면 한다.

미소를 전하기로 마음먹은 것이
또 다른 흉터가 되어
마음에 새겨지지 않게.

건네는 말

돋아난 새싹에
어떤 말을 전했느냐에 따라
다르게 피어나곤 한다.

좋은 말만 들은 새싹은
어여쁘게 피어나고
나쁜 말만 들은 새싹은
피어나지 못한 채 시들고 만다.

우리도 마찬가지다.

나쁜 말은 지치게만 하고
우울을 가득 차게 한다.

반면 좋은 말은 서로 웃고
행복으로 가득 차게 한다.

그러니 건넨 말이 햇살 머금은
미소가 될 수 있게 전하자.

피어나기

꽃이 피어나기까지
수많은 노력과 고통은
연속의 반복이다.

씨앗에서 싹이 트고
싹은 줄기로 자라서
줄기에 이어진 꽃잎은
어여쁜 꽃으로 피어난다.

피어나기까지
그 누구도 네 아픔을
바라봐 주진 않는다.

다 피어나고 나서
그 아름다움을 바라본다.

근데 그렇다고 해서
피어나기까지의 그 순간들이
예쁘지 않은 게 아니다.

어쩌면 피어난 뒤의
아름다운 순간보다
피어나는 과정이 더 아름다운 법이다.

얼마나 노력했는지가 담겨있고
피어나는 과정 속 아픔을
어떻게 견뎌왔는지가 그 속에 담겨있다.

그러니 피어나는 과정 속
아무도 알아주지 못한다 해서
좌절하지 말자.

그 과정들이 있어
너만의 고유함이 깃든 것이니깐.

꽃잎

시간이 지나가고 있다는 것을 알리듯
꽃잎 하나가 바닥에 떨어졌다.

남은 꽃잎들도 곧 있으면
떨어질 걸 알지만
그런데도 그 꽃이 슬퍼 보이진 않는다.

떨어진 잎은 다시 피어날 걸 알리듯
땅의 양분이 되어 스며들고 있었다.

그런 꽃을 바라보며
우리가 할 수 있는 건
한결같은 마음으로
언제나 어여쁘게 바라보는 거다.

꽃의 하루

꽃의 하루를 바라보니 신기했다.

아침엔 꽃잎에 맺힌
이슬과 함께하고 있었고

낮엔 꽃을 환하게 비춰주던
햇살과 함께하고 있었고

밤엔 어두워진 하늘 속
달빛이 꽃의 곁을 함께하고 있었다.

그러니 꽃처럼 어여쁜 네가
혼자라고 생각하지 않았으면 좋겠다.

항상 그 옆에서 함께할 테니까.

우리라는 존재

모든 빛은 언제나 영원할 수 없다.

그 사실이 너무 슬퍼
우울해질 때도 있지만

그래서 곁에 '우리'라는
소중한 존재를 남긴 듯하다.

밝게 빛나던 순간에는
그 빛을 모두에게 나눠주다가

어두워질 때면
또 다른 주변의 빛들이
나를 가득 채우곤 하니 말이다.

그러니 빛이 사라져 간다고
우울해하지 말자.

곁에 있는 소중한 사람들이
네게 빛을 나눠주고 있을 테니깐.

살아감이 두려운 네게

살아간다는 건
항상 두려운 일의 연속이다.

행복을 원하고 있지만
실상은 앞날의 두려움이 가득했다.

어느 날 두려움에 잠식되어
광활한 바다 위 한가운데
떠도는 배가 되어버렸을 때
주저앉고 말아버렸다.

그런 너를 알아주듯
우연히 그곳을 지나가던 배가
네게 손을 건넨 것처럼.

우리라는 의미가 있듯
혼자 두려움에 떨 필요 없다.

알지 못할 수 있지만
언제나 네 곁에서 머무르고 있는
존재가 있으니 말이다.

혼자라고 생각했던 이 세상에도
우리라는 빛은 있는 것이니깐.

시도

시도하기에 앞서 두려움이라는
감정에 잠식되어 주저앉기 바쁘다.

해야 할 걸 알면서도
항상 지레 겁먹고
벌벌 떨기 바빴다.

하지만 세상을 바라보면
날아다니는 새들도
태어나 날기까지 수많은 시도를 한다.

두려움에 떨기도 하고
날지 못해 수없이 떨어지면서도
수많은 시도 끝에 결국 날 수 있게 된다.

우리도 그래왔다.

태어나 걷기까지 넘어지고 또 넘어지며
울기도 많이 하면서 결국 해냈다.

뭐든지 시작이 있어야
나아갈 방법을 찾을 것이고
비로소 또다시 나아갈 수 있는 것이다.

그러니 너무 두려워 말자.

다시 바라봤을 땐
그 두려움이 설렘으로
바뀌어 있을 테니깐.

손

어느 날 부모님의 손을 만져본 적 있다.

부드러운 내 손과 다르게
부모님의 손은 굳은살과
표면은 거칠게 일어나있었다.

그 순간 눈시울은 붉어질 수밖에 없었다.

당연시했던
모든 것이 생각해 보면
부모님의 청춘을 바쳐
지금의 내가 있는 것이니 말이다.

얼마나 많은 고생을 했으면
손에 고스란히 새겨졌는가.

그것을 잊지 않기 위해
그날 우린 손을 모아 사진으로 남겼다.

눈물로만 가득했던 날이었지만
한편으론 정말 소중했던 날이었다.

언제나 아무 말 없이
내 편이 되어주는 소중한 존재.

이젠 그 소중함에
조금은 내 손길을 전하려고 한다.

봄

봄이 다가오고 있어요.

따스한 햇살이 다가오고
어여쁜 벚꽃들이 피어나고
얼었던 땅은 점점 녹아내려요.

봄이 다가온 걸 아는지
마음도 변하고 있어요.

차가웠던 마음은 따스하게 물들고
어두웠던 얼굴엔 미소가 피어나고

얼어붙었던 관계가 다시
녹아내리는 따스한 봄이에요.

선물

전하고 싶은 마음을
상자 안에 꾹꾹 눌러 담아 전해요.

건네받은 네가
밝게 미소 짓는 모습을
생각하면서 말이에요.

우울한 세상 속
눈물로만 지새우지 않게,

그 어떤 날보다 화사했던 날로
기억될 수 있게.

마음을 담아 선물을 전해보아요.

전해진 마음에 있어,
조금은 더 밝은 세상이 되길 바라요.

미움

미움받고 있다는 생각이 든다면
그만큼 네가 그 누구보다 아름다워서다.

꽃밭에 가서도 더 아름다운 꽃을 원하듯
네 존재가 그만큼 아름다워 탐내는 것이니.

우울함에 빠져 너 자신을 갉아먹을 필요 없다.
탐내는 관계 속 상처받을 필요 없다는 뜻이다.

그저 탐날 만큼 네가
빛나고 있는 것이니깐.

자리

주어진 자리에 따라
흔히 사람은 변한다고 한다.

그래서 주어진 자리가
중요하다고 말한다.

그렇게 우린 주어진 자리에 맞춰 행동하고
수많은 감정은 그 자리에 맞춰
억눌러 살아가곤 한다.

하지만 주변에 우뚝 솟아있는 나무를 봐라.

주어진 자리에 맞춰 뿌리를 내린 게 아니라
자신에게 맞게끔 뿌리를 내려
그 어떤 것보다 단단하게 솟아나 있는 것이다.

우리도 다를 게 없다.

아무리 좋아 보이는 자리라 할지라도
자신의 가치와 맞지 않는다면
그저 의미 없는 자리일 뿐이니 말이다.

그러니 우린 주어진 자리에
자신을 맞춰가는 것이 아니라
자신에게 맞는 자리를 찾아가야 한다는 것이다.

그래야 쉽게 무너지지 않고
자신을 억누를 필요가 없는 것이니 말이다.

관계

서로 살아온 삶이 다르기에
다가감에 있어 조심해야 한다.

건네는 말 한마디도 행동함에 있어서도
파도처럼 요동치게 하는 사람 말고

잔잔한 바다처럼 곁에
머무르는 사람이 되길 바란다.

불안에 떨게 하는 것이 아닌
고요하면서도 평온하게
언제나 곁에서 함께할 수 있게 말이다.

가지치기

썩어버린 가지를 쳐 내야
나무는 살아나듯이
관계에서도 가지치기는 필요하다.

좋지 않은 관계를 지고 살아가기에는
소중했던 관계마저 지키지 못할 뿐 아니라
닳아버린 마음에 무너지고 만다.

그렇게 무너져버린 관계는
계속해서 악순환될 뿐이다.

그러니 소중한 관계가 무너지지 않게
관계에 있어 선은 필요한 법이다.

언제나 마음을 나눌 수 있는 관계가 좋은 것이지
무너질 관계를 찾으려는 것이 아니니 말이다.

곁과 결

곁에 있는 사람이라고 해서
모두 네 결과 맞는 사람은 아니다.

곁에 있어 행복을 나누는 사람도 있지만
곁에 있지만 지치게 하는 사람도 있다.

항상 같이 머무르고 있는 자연에도
서로의 천적이 존재하듯이
곁과 결은 다른 것이다.

그러니 가끔 네 곁을 떠나는 사람들로 인해
너무 아파하지 않았으면 한다.

그저 너와 결이 맞지 않는 사람이었을 뿐이니깐.

끊어진 관계

끊어진 관계를 억지로 붙잡지 말아요.

붙잡으려고 계속해서 당신의 마음을 쓰는 것은
그만큼 소중한 마음만 닳아가는 길이란 걸
당신 스스로도 알고 있잖아요.

끊어져 버렸다면 그대로 보내줘요.

오히려 당신이 그만큼 소중했던 사람이었다는 걸
시간이 지나 깨닫고 후회하고 있을 테니깐요.

무르익다

나무에 자라난 감이
무르익어 홍시가 되듯

우리의 관계도
그렇게 깊어지는 거다.

시작은 자라난 열매처럼
맺어진 관계였다가

그 속에서 끈끈해진 우린
점차 무르익어 홍시처럼
깊어진 관계가 되는 것이다.

얕은 관계는 자라나다만
열매처럼 다시 멀어지고 말지만.

깊은 관계는 서로 함께한 만큼
떨어지지 않고 무르익는 것이니
맺어진 관계 속 서로를 소중히 여기자.

도구

내가 제일 싫어하는 관계가 있다.
그건 '도구'로만 생각하는 관계다.

도구로 생각하는 관계는
이미 그 생각에서부터
썩어있는 관계인 것이다.

서로를 바라봐 주기에도
힘든 요즘인데

도구로 생각할 관계라면
시도조차 하지 않았으면 한다.

진심을 건네 온 상대에게
상처로 남지 않게 말이다.

관계의 두려움

관계에 있어 시작이
언제부터인가 두려움이 되었다.

처음부터 그랬던 건 아니었다.

처음엔 모든 게 신기했고
호기심으로 가득 찼고
모든 걸 사랑스럽게 바라봤다.

그렇게 바라보던
관계 속에서
아픔을 겪고 나니

믿었던 만큼, 사랑을 줬던 만큼
더 크게 아픔으로 다가와
두려움이 마음에 쌓이고 말았다.

아픔 속에서 얼마나 헤맸을까.

과거의 기억을 더듬으며
다시 돌아봤다.

돌이켜보니 아팠던 관계도 있었지만
소중한 관계도 많았다.

아픔에 언제나 곁에 있던
소중함을 잃을 뻔했다.

당신도 그런 순간이 지금이라면
주변을 다시 한번 돌아봤으면 한다.

아픔에 갇혀 소중한 관계를
흘려보내지 않았으면 하기에.

아픔

아픔을 마주하고
다시 일어서기까지
그동안 얼마나 아팠나요.

원하는 건 뜻대로 되지 않고
네게 향한 모진 말들은
화살처럼 날아와
비바람처럼 몰아치기 바빴겠죠.

한숨을 돌리고 싶어서
구석 한편에 마음을 옮겨 놓아도
이미 구멍 난 마음은
울고만 있었을 테죠.

근데 몰아치는 비바람 속
서 있는 나무처럼
단단히 우뚝 서 있었기에

비바람이 사라지고
주변에 피어난 무지개가 응원하듯

지나간 지금,
더 빛나고 단단해진 거겠죠.

그동안 아픔을 견디고 참느라
정말 고생했어요.

2장. 사랑이 새싹이 될 수 있게

"사랑도 아픔뿐인건 아니기에"

사랑

시들던 꽃마저도
다시 피어날 수 있게

한없이 사랑하련다.

사랑이란 단어로
전부 표현할 수 없게

이 세상 그 누구보다
사랑하겠다.

사랑이 주는 힘이
얼마나 강한지 알고 있기에

시선에 사랑을 담아 사랑하련다.

향

네가 풍기던 향은
만개한 벚꽃과 같았다.

봄기운 가득한 향에 취해
날아다니던 벌마저
네게 빠져들 정도였다.

그런 너를 바라볼 때마다
미소는 끊이질 않았고
행복으로 새겼던 기억은
잊히지 않을 향수와 같았다.

네 잔향이 내게 밴 것처럼
감정은 요동치기 바빴고
그것이 행복이란 걸 알았을 땐
잊히지 않게 마음 한편에 행복을 새겼다.

미소 짓게 되는 사람

요동치는 심박수와
떨리는 마음이 다가온 걸 보니
네가 다가오나 보다.

구름에 가려져 있던
햇살도 다시금 나오고
주변은 환한 나비들로 가득 찼다.

남들이 누가 뭐라 해도
적어도 내 눈엔 그렇다.

그저 바라만 봐도
미소 짓게 되는 사람.

눈동자

네 눈동자에 담긴
순수한 시선이 좋았다.

이 세상 모든 것을
품을 것만 같던
그 눈동자에 반했다.

한참 편견이란 시선에 갇혀
발버둥 치던 중이었는데
너를 바라보고 나선 달라졌다.

자각하지도 못하던 편견마저도
잊히게 만들던 너였기에.

그런 네 눈동자에 매료되었나 보다.

이렇게 마음이 끌리는 것을 보니.

핑계

이 세상 모든 핑계를 대면서
너에게 다가가고 싶었다.

바람이 등을 떠밀어서,
누가 나를 밀쳐서,
향에 이끌려서.

누가 봐도 말이 안 되는 소리였지만
이렇게 해서라도 다가가고 싶었다.

갖가지의 핑계를 대서라도
너와 가까워지고 싶었으니깐.

한편으론 이 마음을 들키고 싶었나 보다.

차마 떨어지지 않던 그 한마디가
지저귀는 새들 입에서 전해지길 바라면서.

예술

우린 서로 달랐다.

얼음과 같던 나였고
그 누구보다 빛나던 너였다.

그런 우린 맺어질 수 없다고 생각했다.

불가능에 눈물만 가득했고
얼음은 점점 두꺼워져 갔는데

빛을 머금은 너란 조각가는
두터워져 가는 얼음을
조금씩 손보기 시작했다.

어느 순간 우리가 하나의 예술이 되는
그 순간까지 너는 포기하지 않았다.
그렇게 우린 예술이 되었다.

서로 달랐던 우리

서로 달랐던 우리가
연인이 되던 날이 있다.

여느 날과 다름없이
평온했던 날이라고 생각하지만

그날은 유독 네 향이
짙게만 느껴지던 날이었다.

가로등 사이를 거닐며
혹여나 심장 소리가 전해질까 싶어
두꺼운 옷을 껴입으면서 걸어가던 그때.

밤하늘의 별빛이 응원하듯
고장 난 가로등 앞에 멈춰선
우리만 환히 비치고 있었다.

그때야 느꼈다.
소리에도 향이 있구나 하고.

장면

우리라는 시나리오 속에
영화의 한 장면처럼
구름은 여전히 지나가고 있었는데
한순간 멈춘 것만 같았다.

마치 그 순간이 영원하라는 것처럼.

그날 서로 가졌던 마음과
행복했던 기억을
언제나 떠올릴 수 있게
하늘이 선사해준 선물 같았다.

사랑했던 그때를
마음속 깊이 새긴 것처럼.

물들다

아프고 아팠을 당신에게
섣부른 말을 전할 수 없었다.

그래서 네 곁에 머무르며
어여쁜 풍경을 선사하려고 했다.

노을에 하늘이 물들어가는 것처럼
아팠던 네 마음도 따스한 노을빛으로
물들길 바라는 마음이었다.

바라보는 세상이
그저 어두컴컴한 것이 아닌
밝고 따스한 세상도 있다는 걸
알길 바라는 마음이었다.

꽃말

하얀 안개꽃의 꽃말을 알기 전까진
정말 어여쁜 꽃이라고 생각했다.

꽃말을 듣고 나선 어여쁜 꽃이
'죽음'이란 꽃말을 가지고 있어
마음 한편이 서글펐다.

근데 또 다른 사실을 알게 되었다.

붉은 장미와 함께할 땐
'죽을 때까지 사랑해'라는
의미가 된다는 것을.

죽음을 의미하던 꽃도
이렇게 다른 꽃과 만나면서
그 의미는 바뀐다.

이처럼 우리가 만나는 인연도 마찬가지다.

우린 살아가며
수많은 사람들을 만나고
인연을 맺게 되지만

어떤 사람을 만나는지가
정말 중요하다는 뜻이다.

좋지 않은 인연은
마음에 상처가 날뿐더러
안 좋은 방향으로만 나아가게 되고

좋은 인연은
서로를 감싸 안을뿐더러
좋은 방향으로 나아갈 수 있게 된다.

하지만 항상 좋은 인연들로만 가득 채울 순 없다.
그렇기에 거를 수 있는 단호함이 필요한 법이다.

점

삶이라는 도화지에 찍힌 점 하나.
너란 점이 내 도화지에 찍혔다.

처음엔 너무 작은 점이어서
잘 보이지 않았지만

시간이 지나 점점 커진 그 점은
어느 순간 내 도화지를 가득 채웠다.

"너란 존재 말고는 보이지 않을 정도로."

빛

깜깜한 어둠 속에서도
너를 바라볼 때면
세상은 환하게 빛났다.

네가 머금고 있는 미소 때문인지
주변을 빛으로 가득 채우던
가로등 때문인지는 모르겠지만,

너와 함께하고 있는 이 순간이
언제나 빛났다는 사실은 변함없다.

그런 네가 있어
드리워지는 어둠 속에서도
세상이 다시 빛났나 보다.

따스한 햇살

따스한 햇살이
창문 틈으로 들어왔다.

이불 속에 맴돌던 온기와
햇살이 감싸드는 온기에
마음은 산뜻했었는데
네 미소도 따스한 햇살 같았다.

만날 때마다 환히 웃고 있는
네 모습은 어두웠던 내 세상을
따스하게 감싸 안기에 충분했으니 말이다.

네가 건넨 손길은
그 누구보다 따스했고
영원했으면 하던 순간이었다.

색의 농도

우리라는 인연은
관계가 깊어지면 깊어질수록
색은 더 짙어졌다.

옅었던 우리라는 세상이
더 짙게 물들고 있었고
얼굴만 봐도 우린
서로의 마음을 알 수 있었다.

그때, 우리의 농도는
잊히지 않을 만큼
찬란한 색이었다.

별과 밤

어두운 밤하늘 속
네 존재는 별과 같았다.

어두워진 마음에
하늘을 바라볼 틈도 없었는데

눈앞에 선 네가
밤하늘 빛나는 별처럼
항상 곁에 있었다.

무너질 것만 같던
모든 순간에도
아무 말 없이 곁에서 기다렸다.

머물던 빛이 전해져
점차 밝아진 마음엔
네가 새겨져 있었다.

해와 달

우린 해와 달과 같았다.

네가 빛날 때면
내가 보이지 않고

내가 빛날 때면
네가 보이지 않고

서로 맞지 않는 것처럼
보였겠지만

사실 우린 언제나 같이
공존하고 있었다.

서로의 찬란한 빛을 응원해주면서.

바람

네 곁에 함께하는 바람이 되고 싶다.

언제나 곁에서 함께하며
울 땐 눈물을 훔치고
웃을 땐 따스한 바람을 끌고 가는
그런 바람이 되고 싶다.

내 존재를 몰라도 좋으니
그저 곁에 맴도는 바람과
같았으면 좋겠다.

일기장

우리의 기억들을
차곡차곡 일기장에 새겼다.

쌓여가는 일기장을 바라볼 때면
잊혔던 그때의 감정도
다시금 떠오르곤 했다.

처음엔 긴장감이 맴돌아
서툰 모습뿐이었는데

어느새 서로 없어선
안 될 존재로 커 나갔다.

이 일기장의 끝은
우리라는 이야기의
결실로서 마무리가 되길
영원히 소망한다.

전하다

끝을 두려워하기보단
지금에 더 충실하기.

사랑스러운 말에 부끄러워하기보단
한 마디라도 더 전해주기.

언제나 어디에서나
그 누구보다 사랑해주기.

알면서도 쉽게 하지 못한 것들이기에
더욱더 새기며 마음 전해주기.

너란 존재

함께해서 좋은 사람이 있다.

거창하게 무언갈 하지 않아도
그냥 함께 있는 게 좋은 사람.

카페에서 커피 한잔을 하고
같이 영화를 보고
맛있는 저녁을 먹으며
어느 날 할 것 없이
똑같은 일상일지라도

너와 함께하면 다르다.

평범했던 일상도
네 연락 하나에 변화가 생기듯

넌 나에게 그만큼 소중한 존재니깐.

그림자

찰랑거리는 바다와
산뜻하게 불어온 바람은
마치 너를 감싸고 있는 것 같았다.

너란 존재를 의식한 듯
자연도 네게 스며들고 있었다.

그만큼 빛나는 너였다.

어둠이었던 내가
들어갈 틈은 없어 보였는데
그림자처럼 네게
자연스레 스며들었나 보다.

언제나 곁에 함께하는 존재로.

마음을 전한다는 것은

마음을 전한다는 것은
단순해 보이면서도
수많은 생각을 동반하게 만들곤 한다.

부끄러워 전하지 못하기도 하고
두려워 전하지 못하기도 한다.

그렇게 전할 마음을 담은 편지를
손수 건네지 못해
가방 속에서 먼지만 쌓이곤 하는데

지금 와서 보면
얼마나 순수했는지 느껴진다.

건네고 싶어도 건네지 못했던 그때,
그만큼 고민을 많이 했고 소중했던 때인가 보다.

배려

사랑에 절대 잊지 말아야 할 것이 있다.
그건 바로 서로에 대한 배려다.

익숙해지면 익숙해질수록
모든 것이 당연히 여겨져
소홀해지곤 한다.

근데 사실 정말 소중한 관계는
제일 익숙하고 곁에 함께하고 있는 법인데
아이러니하게 소홀해진다.

"괜찮을 거야."

괜찮은 것은 어디에도 없다.

소중한 인연인 만큼
더 신경 써야 할 관계란 걸 잊지 않았으면 한다.

사랑이란

문득 친구가 이런 질문을 했다.

"어떤 사랑이 맞는 걸까?"

섣부른 답변을 하기
어려운 질문이었지만

이 친구가 많은 고민을
안고 있다는 것은
나와 다름없어 보였다.

그때 내가 했던 답변은 이러했다.

"맞는 사랑이란 게 있을까.
마음을 한없이 전해도
모자란 게 사랑인 거 같은데."

과거에 나도 많은 고민을 했던 적이 있다.

근데 그때를 생각하면,
부질없는 고민이란 걸 느꼈다.

있는 그대로 마음을
전하기에도 벅찬데,
무언갈 고민하고 생각한다는 게
맞지 않게 느껴졌다.

사랑에 정답은 없겠지만
곁에서 함께한 순간들이
그 어느 때보다 소중한 순간들로
남을 수 있게 마음을 전하는 게
맞는 사랑이지 않은가 싶다.

사랑의 무게

사랑을 비교할 때가 있었다.

비교하게 된 사랑은
전해준 마음에 대해
돌려받는 기대를 동반하게 했다.

그 기대를 부응하지 못했을 땐
서로 상처만 남기고 말았다.

나도 어렸을 적 그랬다.

전한 만큼까지는 아니더라도
은근히 설정해놓은
기대치가 있었던 것 같다.

그럴 때마다 전한 사랑이
다툼으로 변질되곤 했다.

중요한 것은 그게 아니었는데도 말이다.

지금은 그 무게에 대해 실감한다.

비교할 것이 아니라
그저 함께하는 지금에
충실해야 하는 것을.

진실한 마음을 한없이 전하고
무언가를 바랄 것이 아니라
있는 그대로 소중히 여겨야 한다는 것을.

사랑의 무게란
서로 작고 크고가 아닌
끈끈히 연결된 무게지 않을까.

상처뿐인 사랑

상처만 가득한 사랑이라면
이어가지 않았으면 한다.

서로서로 바라봐 주기도 바쁜데
상처만 쌓아간다면
맞지 않는 관계일 뿐이다.

시작은 달랐더라도
현재가 그렇다면
부정하고 싶어도 변한 것이다.

상처뿐인 사랑은
지워지지 않을 흉으로만
남게 될 뿐이다.

그러니 그런 사람 말고
소중히 여겨주는 사람과 함께하길.

달콤한 사탕

너란 존재는 달콤한 사탕 같아.

언제나 사랑스럽고
네 곁엔 달콤함에 이끌려
수많은 꽃들이 함께하고 있어.

그런 네가 내 곁에 있어
갑작스레 떠나갈까
두려울 때도 있었지만.

언제나 한결같이 전해준 마음에
두려움은 온데간데없고
사랑만이 남았더라.

나 또한 달콤한 사탕에
빠져들었나 봐.

떠나간다는 건

영원을 맹세한 우리가
다시는 보지 못할 상황이 온다면
함께했던 소중한 기억들은
마음에 고이 간직하고 떠나가자.

눈을 감는 그 순간까지
미소 지을 수 있게.

걱정

언젠간 떠나간다는 것은
세상의 이치와 같은 것이다.

생명의 한계가 존재하듯이
우리도 마찬가지이기 때문이다.

그래서 좋은 관계에서도
항상 불안한 마음을 가지고 살아간다.

언젠간 맞이할 아픔에 걱정이 되기 때문이다.

근데 사실 그 마음은 함께하는
좋은 관계를 위한 마음이니.

걱정으로만 안고 떠나지 않게
걱정은 잠시 넣어두고
더 많은 추억을 쌓아나가길 바란다.

이별

마음이 아프다더라.

너를 바라보자니
내가 비참해지고.

너를 잊고 살자니
내가 못 살겠더라.

어느 순간 마음 한편을
네게 내준 것이 실감이 되었다.

미소를 머금으려고 했지만
고통에 눈물만 머금어졌던
그날의 이별은,

밤하늘의 별만이
주변을 감싸 안으려 맴돌고 있었다.

오지 않을 계절, 겨울

너와 함께하면서
오지 않았으면 했던 계절, 겨울.

두 번째 겨울을 맞이할 때
새하얀 세상처럼
우린 새하얀 눈이 되려 하고 있었다.

눈이 녹아들어
우리가 되었음에도
또 다른 눈으로 뒤덮어
서로가 되려 하고 있었다.

잊히지 않았으면 해서
눈에 새기고 또 새겼지만
애석하게도 밝아온 아침 햇살에
다시 녹아들고 말았다.

슬펐던 추억

함께했던 날들이 많아서일까.

너를 떠나보내려 하는
이 순간마저도
떠나지 못하고 있다.

눈물이 앞을 가리기도 했고
흘린 눈물로 지우려고 했지만
지워지지 않는 영원한 기억 같았다.

이젠 억지로 지우지 않으려고 한다.

소중했던 그때의 기억을 그저
추억으로 품고 떠나보내려 한다.

새싹

우리라는 단어로
씨앗에서 싹을 틔웠다.

새싹은 점차 자라서
아름다운 꽃이 되었다.

이리, 영원했으면 했지만
불어온 바람에 상처난 꽃은
그만 시들어버리고 말았다.

흘렸던 눈물을 세상이 알아주듯
쏟아지던 비는 눈물을 감춰주고 있었다.

술잔

너에게 고백할 때
선뜻 나설 용기가 나지 않아
술을 한 모금 마셨다.

그때는 술의 쓴맛이
느껴질 틈도 없이
긴장만 가득했었는데

그랬던 술 한 모금이
이렇게 달라질 줄 몰랐다.

헤어지고 나서의 술맛은
이렇게나 쓴맛이었나 싶을 정도로
고통스러운 맛이었는데

차오른 눈물에
메마를 일 없던 술잔이었다.

헤어짐

서로 없어선 안 될
존재일 줄 알았는데

어느 순간 언제 그랬냐는 듯
바뀐 이 상황이 무섭다.

마음 한편은 아려오는데
행동은 그리 못하고 돌아와 후회만 남기고 만다.

우리가 기약했던 첫날의
마음은 어디로 가버린 걸까.

지나간 시간에 맡겨져
그저 하늘의 한 줌으로 흩어진 걸까.
수많은 고민하기도 잠시, 연락이 남겨졌다.

"우리 이제 그만 만나."

그날의 기억

멀어질 날이 다가왔나 보다.

부스스한 몸을 이끌고
너를 만나러 가던 그날.

왠지 모를 이 감정이
위화감이 되어 휩싸여 있었다.

단답형뿐이던 카톡과
자주 하던 전화는
이미 3일 전 전화가 마지막.

우린 왜 이렇게 되었을까.

뭔가 잘못됨을 느꼈을 땐
이미 떨어지는 낙엽처럼
늦은 후였다는 걸.

다시 피어날 사랑

계절이 돌고 돌아
또다시 봄이 왔나 보다.

한동안 겨울이란 계절에
모든 게 눈에 덮여
잊히고 있었는데
다시금 시간은 흘렀나 보다.

흘렸던 눈물은
땅에 묻혀 있던 씨앗을
다시 싹 틔웠고

조금씩 우울함이 걷힌 마음은
밝은 햇살을 맞이했으니깐.

그렇게 또다시 아팠던
순간을 뒤로하고

추억으로 간직한 채
다시 사랑을 맞이하려나 보다.

눈물로 기억되는 사람

마음속, 한편의 눈물로 기억되는 사람.

그가 떠나고 나서야
그의 마음을 헤아리지
못했다는 걸 깨달았다.

해맑은 웃음꽃이었던 그.

저물어버린 그의 모습을
눈에 담았을 땐 믿기지 않았다.

많은 시간을 함께한 탓일까.

어떠한 연유로 망가져 버린 건지
이유를 알 수 없어 더욱이 고통스러웠다.

현실과 구분하지 못할 정도로
고통이 감정과 뒤섞였다.

그러다 현실을 자각했을 땐
이미 눈가엔 눈물로 가득 차
흐르고 있었다.

서럽게 흘린 눈물은
어둠 속, 저문 네 마음에
조금이나마 위안이 되길 바라며.

우린 그렇게 마지막을 맞이했다.

별이 빛나던 밤

별빛이 가득했던 밤이었다.

우린 두 손을 꼭 잡고
약속하고 있었다.

주어진 상황에
서로가 멀어져야 했기에
우린 약속만을 전할 수 있었다.

멀어지게 되는 이 순간이
야속하고 애타지만
눈물로 지새우지 않도록
애써 미소 지으며 얘기했다.

우리가 다시 만나지 못하게 되더라도
지난날의 기억을 잊지 말자고.

그 어떤 때보다 행복했던
순간이었다고.

마지막 편지

소중했던 사람아
부디 행복했으면 좋겠다.

곁에 좋은 사람들로 가득 찼으면 좋겠고
항상 행복한 일들로 가득했으면 좋겠다.

비록, 우린 녹아들었던 사계절을
새하얀 눈처럼 지워가고 있지만.

함께 나눴던 마음만큼은
잊히지 않을 계절과도 같아
지워가는 지금도 마음은 울고 있는 거겠지.

비록 우린 멀어져 버리게 되었지만
그동안 함께해서 행복했고 고마웠어.

# 3장. 다시 피어날 너라서

"찬란하게 빛날 고유한 네게"

시선

마주한 모든 것을
당연히 여기던 시기,

다른 생각을 가지지 않았다.

'그저 피어나 있는 꽃이구나.'
'문이구나, 컵이구나.' 등의
단순한 생각뿐이었다.

그러던 어느 날, 누군가에게 물어봤다.

"당신은 행복을 어디에서 느끼나요?"

거창하고 큰 답변이 나올 줄 알았는데
전혀 다른 대답이 나왔다.

"마주한 것들에서 행복을 느껴요.
꽃을 바라볼 땐 살랑이는 바람에 담겨있는
은은한 향을 느끼며 행복을 느끼고,
방문을 열 때는 걸어 나가며 점점 변하는
내 모습을 상상하며 행복을 느끼곤 해요."

내겐 적잖은 충격이었다.

당연하게 생각만 하던 모든 것들이
그 사람에겐 전혀 다른 세상을 선사하고 있었다.

그때부터였다,
모든 것에 시선을 담았던 것은.

어려운 일이 아니다.
그저 시선을 달리했을 뿐이었다.

그렇게 바라본 세상은
언제 어두웠냐는 듯
온통 밝을 뿐이었다.

달리한 세상을 바라본다는 것은
어려운 것이 아니다.

그저 시선에 내면을 담은 것뿐이다.

도망치자

현실의 아픔에 부딪혀
도망치고 싶을 땐
마음껏 도망쳐라.

참고 애쓰며 견디기에
상처만 남아 흉이 진다면
그건 지우지 못할 아픔만 남는다.

언제나 부딪히는 삶의 연속이지만
가끔은 도망쳐도 괜찮다.

도망친다고 해서
삶은 무너지지 않는다.

가장 중요한 건
너 자신을 바라보는 것이니깐.

피다 만 꽃

꽃봉오리에 숨어
피어나려다 만 꽃이 눈에 보였다.

어딘가에 상처가 있나 싶어
주변을 바라보았는데

생채기 하나 없이
어여쁘게 큰 꽃이었다.

그런데도 꽃으로 개화하지 않은 것은
이유가 있어서겠지.

두려워서일 수도 있고,
자라며 받은 상처 때문일 수도 있다.

그저 내가 해줄 수 있는 건
곁에서 함께 머무르며 보살펴 주는 일.

언젠간 마음을 열고 개화할 수 있게.

메모

하루하루 보낸 일상을
공책에 메모해보아요.

똑같은 일상이라 생각했던 날도
전혀 달랐던 날이라 생각했던 것도
돌이켜보면 또 다르게 보이거든요.

감정에 서툴러서
자신을 잘 알아보지 못해요.

그래서 나를 풀어 써 내려가며
내가 누군지 확인해요.

비로소 내가 누군지 알게 되고
무엇을 바라는지 알게 되니깐요.

지친 하루

하늘은 이리도 평온했는데
마음은 이렇게 어지러운 줄 몰랐다.

평온한 하늘을 바라보는데도
어지럼이 다가왔으니 말이다.

하고 있던 모든 일을
접어두고 쉬고 싶다는
생각만 가득했고

다가온 연락들은
다 피하고만 싶었다.

누가 뭐라고 한 날도 아니었는데
아픈 날도 아니었는데
이상한 날이었다.

집에 돌아와 오늘을 써 내려가다 보니
그동안 달려왔던 만큼
축적된 피로가 오늘을 덮은 것 같았다.

'그냥 지친 하루였구나'라는 생각이 들었다.

이런 날일 때면
나만을 위한 시간을 갖는다.

내가 좋아하는 책을 읽거나
좋아하는 음악을 듣거나

다른 것에 방해받지 않게
나만의 방해금지 모드에 들어간다.

온전한 휴식이 있어야
또다시 걸어 나갈 힘이 있듯이

이렇게 찾아온 무기력에
다시 대항할 힘을 가질 수 있는 법이니 말이다.

그러니 지친 몸에 채찍질하기보단
온전한 휴식을 취해 보기 바란다.

또다시 걸어 나갈 힘을 얻을 수 있을 테니.

안개 너머

가려진 안개 너머에 무엇이 있을지
어떤 게 나올지 알 수 없다.

막연한 두려움도 다가오지만
막상 너머로 넘어가면
생각했던 것만큼
두려워할 필요가 없단 걸 느낀다.

우리의 삶도 마찬가지다.

앞서 나아가려 하면
막연한 두려움에 온갖 생각이 들고
돋아난 생각이란 가시는
나아갈 길을 방해하고 만다.

근데 사실 막상 나아가보면
생각했던 것만큼 두려움으로 가득하진 않다.

오히려 네가 피어나기까지
한 발자국 더 나아간 것이지.

시기

시기하는 사람이 많다는 건
네가 그만큼 소중해서다.

소중하다 못해
탐나는 너여서
가만두지 않는 것뿐이다.

그러니 그런 사람들로 인해
우울해지지 않았으면 한다.

그냥 네가 너무 탐나서
시기 질투하는 거로 생각하자.

그런 사람들로 인해
네가 아파하기엔
너무 안타까우니 말이다.

소중한 인연

살아가며 만나온 소중한 인연들이 있다.
둘도 없고 여전히 곁에 머물고 있다.

가끔은 다투기도 하고
서로 같이 울기도 하며
마음을 공유하곤 하는데
영원히 함께했으면 한다.

건네준 손길에 응답을 부응하듯
나만의 방식으로 다가가겠다.

소중함은 영원히 변치 않으니
잊히지 않는 존재로서
곁에 머물러 살아가겠다.

이게 소중한 인연들에 대한
나의 다짐이고 약속이다.

당신

당신이 더 행복했으면 좋겠어요.

다른 사람의 행복보다
당신 먼저 생각하는 사람이면 좋겠고

언제나 잃지 않을 미소를
선물로 받으면 좋겠어요.

그래도 될 정도로 당신은
언제나 다른 사람의
행복을 바라왔으니깐요.

이젠 그런 당신에게
행복을 선사해드려요.

소중하고도 소중한 당신에게.

숨기다

수많은 상처를 안고 왔기에
보여주고 싶지 않았겠지.

더 이상의 상처를 받고 싶지 않아
숨기고만 싶었겠지.

그런 너라서
그 누구보다 어여쁜가 보다.

이젠 네 곁에서 상처가 흉이 되지 않게
항상 머무를게.

머물다

머문다는 아름다움을 아는가.

꽃밭의 꽃들도,
밤하늘의 별들도,
네 소중한 물건들도,
언제나 네 곁에 머물고 있다.

그러니 혼자라고 생각하지 말자.

머문다는 건 변함없이
떠나지도 않는다는 것이다.

담긴 의미를 느낄 때면
바라보는 모든 시선은
네게 또 다른 아름다움을 선사할 것이다.

피어나다

꽃이 개화하기까지
얼마나 아픔이 많았을까.

바람은 세차게 불어왔고,
비는 떠내려가게 내렸었고,
따사로운 햇살에 녹아내릴 것만
같았으니 말이야.

그런 아픔을 딛고
피어난 너라서
더 어여쁜가 보다.

민들레

민들레처럼 어여쁜 꽃이던 네가
이젠 세상 곳곳을 돌아다닐 때가 되었다.

무서운 세상일 것만 같지만
활짝 핀 네 미소를 바라보며
소중히 여겨주던 사람들이 있듯

바람을 타고 세상 곳곳을
떠다니는 네 모습을 보고
환호하는 사람들도 있단다.

더 많은 것을 경험하고
그곳에 새로운 씨앗으로
또 다르게 어여쁜 꽃이 되길 바란다.

언제나 모두에게 미소를 전하는
따스한 꽃으로 말이야.

함께

아픔이 도사리고 있는 건
여전히 부정할 수 없는 현실이다.

스쳐 지나간 이유만으로도
상처가 나고 고통이 남는다.

그런데도 이리 미소 지으며
발을 내디딜 수 있는 건
함께하고 있는 사람들이 있어서다.

가끔 혼자서 견디지 못할 아픔에 갇혔을 때도
곁에서 계속 머무르며 마음을 보듬어주고

행복에 겨워 미소 지을 때면
같이 행복해하며 함께해서다.

투정 부린 적도 참 많았던 것 같은데
언제나 함께해줬다.

그런 소중함이 있어
또다시 따스하게 물드나 보다.

용기

관계에 있어서도,
결정에 있어서도,
마음을 위해서도,
용기는 필요하다.

힘든 결정일걸 알지만
그렇다고 해서 마음을
계속해서 상처 낼 수는 없다.

모든 끊어내고 맺는 용기가
절실히 필요하다.

그러니 두려워 말고 용기 내자.
선택에 후회 말고 나아가자.

우울증

우울증을 앓고 있던
네가 찾아와 왜인지 모르는
우울함이 찾아올 때면
너무 고통스럽다고 했을 때.

아무것도 해줄 수 없는 게
너무나 슬펐다.

대화하는 내내
그저 들어주는 것밖에
해줄 수 있는 게 없었다.

그런데도 네가 빛났던 건
미소는 짓지 못했어도
용기 내 말하고 있는 게 보였기 때문이다.

그런 네게 내가 해줄 수 있는 건
함께하는 동안 더 좋은 것들을
보여주는 것뿐이었다.

어여쁜 풍경, 또 다른 마음, 새로운 시선
가지각색을 보여주려 노력했다.

마지막 네가 내 곁을 떠날 때쯤
했던 말이 기억난다.

"애써줘서 고마워요."

옅은 미소였지만
잠깐이나마 무표정 사이에
보인 밝음이란 빛은
네가 나아갈 길의 희망이 되길 바란다.

어떤 어느 순간에도
그때의 마음을 잃지 않았으면 한다.

아프고 고통스러운
연속의 나날이겠지만

용기 낼 줄 아는 너니깐
견뎌내 다시 일어날 너란 걸
굳게 믿는다.

세월이 변하듯이
너도 변할 것이다.

부정

존재를 부정해 본 적 있나요.

안 좋은 일들은 계속해서 다가오고
버티지 못한 마음은
자꾸만 부정적으로 변하는 그때를요.

내게 깃든 고유함은 무엇일까를
고민하기도 전에
스스로 부정에 갇히는 그 순간을요.

그런 생각에 갇혀 있다면
잠시 모든 것을 내려놓고

온통 회색빛으로 물들어가는
세상을 뒤로하고
자신을 들여보려 노력해보아요.

쉼 없이 달려왔기에
나를 돌볼 시간이 없었던 거고
그건 당신의 잘못이 아니니깐요.

자책

우리 너무 자책하지 말기로 해요.

살아가며 자신에 대해
칭찬은 매섭기만 한데
자책은 한없이 품곤 해요.

당신이 잘못한 게 아니에요.
그저 그때의 상황이
좋지 않았을 뿐이에요.

자책 대신 애쓴 마음을 품어주고
견뎌 온 자신을 한없이 칭찬해주세요.

다시 나아가 어여쁘게
피어날 수 있게 말이에요.

내일

오늘은 주저앉아 버린 날이었나요.

오늘은 오늘로써
바람에 훌훌 털어버리고
내일은 또 다른 오늘로써
다시금 일어설 준비를 해요.

주저앉으면 좀 어때요.

그런 날도 있었기에
우린 일어서는 방법을 알았잖아요.

그러니 가볍게 훌훌 털고
다시 다가올 일어설 날을 바라며
아침을 맞이하도록 해요.

진흙투성이

걷다 넘어지고
또다시 걷다 넘어지고
온몸은 진흙투성이가 되었지만.

그런 당신이 제일 존경스럽습니다.

깨끗한 다른 사람보다
진흙투성이인 당신은
그 누구보다 노력했단 걸
알기에 그렇습니다.

가끔은 비난과 모욕 담긴 말이
화살로 날아와 비수가 꽂히기도 했지만
그런 순간에도 굳게 믿고 걸어 나간 당신.

비웃던 남들과는 비교 못 할
당신을 존경합니다.

밝혀진 진실

한때 혼자 있으려고 했던 시기가 있다.

수많은 연락과
의미 없는 관계에 지쳐
혼자가 되고 싶었다.

처음엔 공허함도 있었지만
어느샌가 조용한 이 생활에 적응됐다.

그렇게 한 달이란 시간이 지났을 땐
아무도 없이 한동안 생활을 보낸 줄 알았다.

그렇게 밖으로 나와
다시 사람들을 마주하고 지내다 보니
또 다른 진실을 마주할 수 있었다.

내가 다시 나올 때까지
곁엔 없지만, 항상 걱정해주던
사람들이 있었다는 사실이었다.

그제야 진실한 사람뿐 아니라
진실을 마주하게 되었다.

언제나 말없이 믿고 지지해주는
사람들이 있다는 사실을.

상처뿐인 세상

상처뿐인 세상인 줄만 알았다.

휘몰아치던 감정은
주저앉을 기미는 보이지 않았고

칼날 같던 수많은 말들은
상처 내기 일쑤였으니 말이다.

모든 게 잿빛으로 변하던
나날들이었는데
다름을 선사해준 일이 있었다.

나보다 분명 더 힘든 일이
있는 것을 아는데도
그 사람은 꿋꿋이 견디고 서 있었다.

뭐든지 다 이겨낼 기세로 말이다.

잠깐뿐일 거라는 생각이었는데
여전히 변함이 없었다.

그 꿋꿋함은 내게
버틸 힘으로 다가오기 시작했고
많은 것을 물어봤다.

"그렇게 아픈데 어떻게 서 있나요?"

그의 답은 이러했다.

"아프다고 아픔에만 잠식해있기엔
삶이 너무 아깝지 않나요?"

그러곤 말을 이어갔다.

"저도 그런 순간이 있었지만
그 순간만 그렇게 보내기로 했어요."

그 이후론 그런 생각 조차 하지 않았다고 했다.

언제나 아픔은 예상치 못하게 다가온다.
그렇다고 해서 언제까지 잠식되란 법은 없다.

다시 일어서자, 피어날 그 순간까지.

자연이 주는 축복

지새우던 밤이 눈물로 가득 차지 않게
빗소리로 그 소리를 묻어요.

아침이 되고 나면
따스한 햇살을 창문 틈으로
비춰 빛을 전해줘요.

당신, 그만큼 빛나는 존재니깐
우리같이 나아가기로 해요.

지치고 힘들 때

마음이 여유 없이
지쳤고 힘이 들 때
잠시나마 눈을 감아보아요.

아무런 생각 없이
온전한 시간을 가져보아요.

세상의 모든 소리가 들리지 않고
울리는 마음만 들릴 수 있게.

마음속 깊이 숨어
울고 있는 어린아이를 찾아
보듬어 줄 수 있게 말이에요.

언제나 행복하면 좋겠지만
가끔은 이렇게 들여다봐 주기로 해요, 우리.

아침

아침이 밝아올 때면
지저귀는 새들 소리와
햇살이 창문 틈으로 들어와
언제나 환히 비춰준다.

가끔은 비가 와
울적한 마음을
뒤덮어 줄 때도 있지만

밝은 날의 세상 소리가
살아있음을 다시 한번
깨워주듯 경쾌하게 느껴진다.

오늘은 또 무슨 일이 생길까

울적하게만 느껴지던 아침이
그저 세상 소리에 귀 기울인 것만으로
다르게 느껴지는 아침이다.

그렇게 언제나 새로운 마음으로
아침을 맞이한다.

소멸

언젠가는 마주할 죽음에 있어
소중했던 기억을 가져가려 한다.

잊히지 않을 나의 추억들을
손아귀에 꽉 쥐고
세상을 떠나가련다.

되돌아봤을 때
미소 지을 수 있게 말이다.

우울한 날이겠지만
곁에 있던 사람들이
우울로만 가득 차지 않게 말이다.

빛이 변색되지 않게

가끔은 유혹에 빠져들기도 한다.

나태함에 빠져들어
무기력하게 보내기도 하고,

우울함에 빠져들어
눈물로만 지새우기도 하며,

마음에 자물쇠를 채우기도 한다.

그렇게 바라본 다른 것이
탐나 욕심내다가
나만의 빛을 잃어버리곤 한다.

그런 일들이 반복되지 않도록
고유한 너 자신을 잃어버리지 않았으면 한다.

비록 보이지 않아
남의 것이 더 탐나 보일 수 있지만

사실 네 마음속 빛만큼
어여쁜 것 또한 없다.

순수한 네 빛에
불순물이 섞이지 않게
소중한 네 마음에
아픔이 섞이지 않게

꼭 붙잡길 바라는 마음이다.

드넓은 초원

드넓은 초원에 우뚝 선
나무 한 그루.

그 나무를 바라볼 때면
왜인지 모르게
마음은 안식을 찾아간다.

광활한 이곳에
혼자 우뚝 서서일까.

아니면 따사로운 햇살을
나무가 가려주고 있어서일까.

서로에게 이유는 다르겠지만
안식을 주고 있단 사실은 변함없다.

언젠간 나도 그런 나무가 되어야겠다.

어떤 사람이라도
안식을 취할 수 있는
사람이 될 수 있게.

안녕

안녕이란 단어는
서로에게 건넨 인사도 되지만
아무 탈 없는 안식을 뜻하기도 한다.

지금껏 수많은 고통을
헤치고 견뎌온 네게
두 가지 의미를 모두 전한다.

"안녕."

억지 미소

과거에 실수로 인해
혼나는 순간이 있었는데

미소 짓고 있어
더 크게 혼난 적이 있다.

사실, 그러고 있는지도 몰랐다.

어느 새부터인가
얼굴에 가면을 쓴 것처럼
고통에도 미소를 짓고 있는 것 같았다.

나는 분명 혼나고 있어
반성하는 모습이었다고 생각했는데

무의식에 반응한 표정은
그러지 못했나 보다.

그때의 충격이 있어
거울을 한없이 바라본 적이 있었다.

감정을 헤아리고
내비치리라 다짐했는데
말과는 다르게 마음은 숨고 있었다.

"무엇이 어디부터 잘못되었을까."

과거에 또다시 갇히기 전에
지금에 더 충실하기로 마음먹었다.

마음을 더 헤아리려
자신 깊숙한 곳에 들어갔다.

그곳은 고요하면서도
무서울 정도로 위화감이 드는
마음속 깊은 곳이었다.

애써 꺼내 보려 하지 않은 탓에
점점 더 깊숙이 빠져들어
심해에 맴돌고 있었나 보다.

그러다 보니 일종의 자기방어처럼
상처가 되는 말은
미소로 받아들이지 않았던 것 같다.

나조차도 마음을 들여다보지 못했는데
남의 마음을 챙기려 들었다니
부끄러운 생각만 들었다.

그래도 지금 알아서 다행이라 생각했다.
더 깊숙해졌다면 그대로 새기고 말았을 터이다.

깊이 바라본다는 것을 알았고,
일종의 방어처럼 회피하지 않기로 했다.

걱정은 또 다른 걱정을 낳고
아픔은 상처가 되어 흉이 되니
그러지 않도록 마주하는 모든 감정을
있는 그대로 받아들이기로 했다.

속이다

마음이 너무 울적해
혼자서 버티기 힘들다면
자신을 속여 보기 바란다.

좋은 방법이라고 말할 순 없지만
가끔은 그런 순간도 필요하니 말이다.

"난 괜찮아"라고 계속해서
속삭이면서 마음을 안정시켜보자.

내뱉은 말이 중요한 것처럼
속에서 내뱉은 말은
현실이 되기에 충분하다.

그렇게 되뇌다 보면
위태로웠던 마음도
잠시나마 고요해질 것이다.

네 뜻을 알아챘을 테니깐.

행복하자

수많은 고난과 역경 속에서도
견뎌온 상처난 꽃아.

다르다는 이유로
비난도 받았을 거고,
이유 없이 눈물을
훔치는 일도 많았겠지.

근데 그런 너라서
이리 어여쁘게 피어났나 보다.

얼마나 아팠을지
감히 상상도 못 하겠지만

앞으로의 길이
반드시 행복했으면 좋겠다.

나의 향

스쳐 간 인연이더라도
나의 향이 남겨졌으면 좋겠다.

언제 어디에서나
흘러온 향을 맡으면
떠오르는 사람이 될 수 있게.

그렇게 미소 지을 수 있게.

온기로 가득했고
언제나 곁에 있는 것처럼
향으로나마 남았으면 좋겠다.

방황

"너는 무엇을 좋아해?"

단순한 물음이었는데도
답변하지 못했다.

어렸을 적 나는 내가
무엇을 좋아하는지 몰랐다.

주어진 것들을 곧이곧대로 받아들이고
그냥 그렇게 살면 되는 줄 알았다.

어리석은 생각이었다.

나에 대해 전혀 알지 못했고
그저 정해진 방향에 나를
꿰맞추고 있었다.

그렇게 한동안 방황하고
나를 알아가기로 마음먹었다.

처음 시작한 건
내가 무엇을 좋아하는지였다.

아무리 고민을 거듭해도
답은 나오지 않았다.

방식의 문제가 있는 것 같아
좋아하는 음식부터
좋아하는 운동 등
모든 것을 글로 써 나열하기 시작했다.

그제야 내가 누구인지
실마리가 보이기 시작했다.

여전히 나는 나를 알아가는 중이다.

당신도 나와 같다면
당신에 대해 나열해보길 바란다.

거기에서 또 다른 나를 찾을지
모르는 법이니 말이다.

모난 돌

바닷가에 흔히 보이는 모난 돌.
모난 돌이라 해서 의미가 없진 않다.

가공되어 새로 탄생하기도 하고,
누군가에겐 잊지 못할 추억을 선사하기도 한다.

언제든 변할 수 있고
그 속에 담긴 의미가 또 있는 것이다.

그러니 너무 슬피 울지마라.
누군가는 너를 애정하고 있으니 말이다.

가시

장미꽃 줄기에 자라난 가시는
상처만 줄 것 같지만

사실은 어여쁘게 피어난 꽃을
지키기 위한 것이다.

단순히 고통으로만 생각하던 것도
의미를 알면 다르게 보이듯
살아가는 삶도 마찬가지지 않을까.

가시밭길만 펼쳐져 있는 것 같아도
실상은 꽃길이라는 것을.

가로등

드리워진 어둠에
무서움이 다가올 때면
가로등은 언제나
환희 주변을 비추고 있다.

어둠에는 환한 빛을 선사하고
햇살엔 빛을 끄고
다가온 햇살과 함께 존재하고 있다.

이처럼 언제나 밝지 않더라도
어두워진 마음엔 빛을 전하고
해맑은 미소엔 함께하는
사람이 되길 바란다.

항상 빛나지 않아도
언제나 행복한 사람이 될 테니까.

삶이라는 꽃

살아간다는 것은
꽃이 피어나는 것과 같다.

빨갛게 무르익기도 하고
시들기도 하는 것처럼
시간이 지나 형태가 바뀐 것이지
본질은 변함이 없다.

그러니 시들었다고 해서
우울로만 가득 찰 필요는 없다.

잠시 쉼이 필요한 것이지
본질이 사라진 것이 아니다.

언젠간 다시 무르익어
붉게 필 시기가 올 테니까.

나뭇잎

바람이 불어 나뭇잎은 흔들렸고
햇살로 인해 그 색은 바뀌었다.

언젠간 변한다는 것을 알지만
변함이 슬퍼 뒤돌았다.

그러던 어느 날
다시 마주한 나뭇잎이
여전히 그 자리에 머무는 것을 보았다.

머무는 나뭇잎을 바라보며
왠지 모를 감정이 차올랐다.

마치 나뭇잎이 메시지를
전해주는 것 같았기에.

이 감정이 무엇일까 고민하다 알아챘을 때
내 생각을 바꾸기로 마음먹었다.

겉이 변함에 슬퍼할 게 아니라
묵묵히 그 자리를 지켜준 사실이
더 중요한 사실이란 걸 알았기에.

시들다

시들어가는 꽃 하나가
전한 말이 있다.

지금은 시들어가지만
다시금 피어날 그때를 위해
잠시 쉬어가는 거라고.

머금었던 아름다움은 지고
말라버린 모습만 남았지만.

들여다본 꽃의 내면은
언제나 그 아름다움이 머물고 있었다.

가시밭길

눈앞에 놓인 길이
가시밭길처럼 보일 수 있어요.
언제 꽃길을 걸어보나 하고 생각하죠.

눈을 감고 지나온 길을
다시 한번 생각해봐요.

가시밭길처럼 보였던 길을
걸어오면서 꽃길로 바꾸고 왔다는
사실을 알 수 있을 테니깐요.

보이는 길이 전부가 아니에요.

보이지 않을 뿐이지
꽃길을 당신은 걷고 있었어요.

무지개

쏟아지던 비가 지나고 나면
그 자리에 무지개를 두고 간다.

암흑처럼 어둡게만 보이던 창밖이
무지개가 피어나고 아름답게 바뀐다.

너란 존재도 마찬가지다.

우울했던 날이 있겠지만
그 속을 들여다보다
네 고유함이 피어나는 날도 있다.

나뭇가지

시간이 흐르고 있다는 것을
느끼게 해주듯
나뭇가지의 형태는 변한다.

푸르렀던 잎이 다 떨어지고
남은 앙상한 나뭇가지는
초라해 보일지라도
또 다른 의미를 지니고 있다.

보이는 모습과 다르게
앙상한 나뭇가지만 남은 순간에도
지나다니던 새들의
안식처가 돼 주고 있었으니깐.

우리도 마찬가지다.

매번 빛나는 순간이 아니더라도
그렇다 해서 변함이 있는 것은 아니듯이
초라해진 것이 아니니깐.

빛나지 않는 별

세상에 빛나지 않는 별은 없다.
다만 빛이 옅어 보이지 않을 뿐인 거다.

우리라는 존재도 마찬가지다.

빛나지 않는 존재는 없다.
다만 아직 희미할 뿐인 거다.

언젠간 환한 빛을 내뿜는
그때가 다가올 것이다.

그러니 빛나지 않는 것 같다고
슬피 울지마라.

이미 빛나고 있는 너니깐.

얽매이다

과거에 네가 어떤 사람이었든
그건 지금 중요하지 않다.

현재에 있는 네가 중요하지
과거에 얽매여 아무것도 하지 못하면
변화는 손을 내밀어주지 않는다.

네 내면의 아름다움이
여전히 머무는 것을 안다.

그러니 과거의 두려움을 딛고
현실의 발을 내딛는
네가 되길 바란다.

상처난 꽃

상처난 꽃에서 떨어진 꽃잎은
땅에 흩어졌다.

이렇게 끝이구나 생각했지만
땅에 흩어진 꽃잎들은
여전히 붉은 빛을 띠며
또 다른 꽃밭을 선사했다.

꽃만의 고유함을 잃지 않은 채
자신만의 방식으로 또다시
아름다움을 선사하고 있었다.

그렇게 땅에 스며든 꽃잎들은
땅에 양분을 맡기고 또다시
피어날 순간을 기다린다.

우리도 마찬가지다.

어여쁘게 활짝 피는 순간도 있지만
저무는 순간도 있다.

근데 저문다 해서 우리의 고유함은
잊히지 않는다는 것이다.

여전히 변함없는 당신이다.

저물어간다 해서
우울로만 장식할 필요는 없다.

우린 다시 피어나기 위해
지금 잠시 저문 것이고

또다시 어여쁘게 피어날
당신이란 걸 알고 있으니깐.

겉과 속

어여쁜 포장이 전부가 아니듯
상자에 담겨있는 마음을 들여다보자.

이처럼 겉이 화려한 것을
추구하는 것이 아니라
내면이 화려한 걸 추구하자.

그래서 들춰보기 전까진
모르는 법인 거다.

빛나 보이는 사람도
실상은 아무것도 없을 수 있고,
어두워 보이던 사람이
사실 가장 밝게 빛나는 사람일 수 있다.

그러니 내면의 아름다움을
바라보는 사람이 되자.

파란 장미

붉은 장미꽃들 속
파란 장미가 피어났다.

잎이 다른 꽃과 달리
푸른색인 것을 알고
서럽게 울던 나날이었다.

혼자만 다르다는 사실이
마치 잘못 피어난 것만 같았기에.

근데 이상하게도
꽃밭에 찾아온 수많은 사람들은
푸른 장미만 바라봤다.

이상하게 바라볼까 두려워
펼쳐진 잎을 웅크리려던 파란 장미였는데

붉은 장미들 사이에 피어난 파란 장미를
사람들은 더 좋아했고 응원했다.
저물지 않길 바라면서.

그제야 파란 장미는
마음 놓고 파란 잎을 활개 쳤다.

다르다 해서 잘못된 게 아니다.

오히려 달라서 더 어여쁜 것이다.

그러니 너무 걱정하지 말자.
그대의 고유함은 어여쁘게 피어날 테니까.

고유함

나는 고유함이라는 말을 좋아한다.

고유함을 지니고 있기에
각각의 존재로 피어나는 게
너무나 아름답게만 느껴진다.

근데 요즘에는
고유함이 너무 많이
사라지는 것 같아 슬프다.

고유함이 싹트기도 전에
고정된 정답처럼
삶을 보내는 것 같아 안타깝다.

다 똑같아 보이는 꽃에도
서로 다름이 있듯이,

우리도 다 다른 법인데
같은 방향만을 바라보고 있다.

다르다는 게 부정 받는
안타까운 현실에 눈시울만 붉어진다.

그래서 고유함을 전하려
더 애쓰는 것만 같다.

아직 싹트지 못한 고유함이
세상 밖으로 나올 수 있게 말이다.

언젠간 고유함이 가득해질 때면
세상은 더 밝아져 있지 않을까 하고.

상처난 꽃에도
아름다움은 있다

1쇄 초판 2025년 1월 31일
2쇄 발행 2025년 3월 17일

지은이 | 박주성
펴낸이 | 한예지
디자인 | 한예지

펴낸곳 | 온화
등록번호 | 제2024-0000016호
등록일자 | 2024년 7월 8일

이메일 | onhwabook@naver.com
팩스 | 0504-420-7406

ISBN | 979-11-988579-4-1 (03810)

저작권법에 따라 무단 전재와 복제를 금지하며, 도서 내용의 전부 또는 일부를 이용하려면 반드시 저작권자와 출판사의 서면 동의를 받아야 합니다.

파본은 구입하신 서점에서 교환해 드립니다.